Impressum

„Der Startup-Marketing Guide"

© 2019 Patrick Wagner

Herausgegeben vom Autoren.

marketing-startupper.de

Patrick Wagner,

München, Deutschland

Patrick Wagner

Der Startup-Marketing-Guide

Inhalt

Vorwort

Das Marketing ist ein sehr spannendes Thema, das Unternehmer seit mehreren Jahren jubeln oder verzweifeln lässt. Dabei betreibt jedes Unternehmen Marketing, egal, ob es eine eigene Marketingabteilung hat oder nicht. Dabei ist Marketing das A und O für den Erfolg eines marktorientierten Unternehmens. Man darf sich hier nicht rein auf den Zufall verlassen, denn das ist zu risikoreich.

Auch als junges Unternehmen und als Startup muss man sich sehr früh Gedanken über eine funktionierende Marketingstrategie machen. Nicht selten scheitern innovative Unternehmen an dem Markt, weil sie das Marketing und die Orientierung an dem Markt stiefmütterlich behandelt haben. Man muss sich also frühzeitig um eine gut durchdachte Marketingstrategie kümmern und auch rechtzeitig alle möglichen Marktanalysen und Daten einsammeln, die man für das Marketing benötigt. Je früher, desto besser!

Dieses Buch ist in erster Linie darauf angelegt, möglichst präzise alle wichtigen Themen des Marketings abzuarbeiten und dem Leser einen übergreifenden Überblick über die Themen des Marketings zu liefern und ihm auch viele nützliche

Tools, Tipps und Hinweise auf den Weg zu geben. Es ist für jeden geeignet, der sich mit dem Thema Marketing beschäftigen möchte. Natürlich wird hier ein besonderer Fokus auf den Überblick der Marketingmaßnahmen von Startups gesetzt, jedoch können auch Marketingmanager aus etablierten Unternehmen oder auch Studenten und Schüler einige Tipps mitnehmen und sich darüber Gedanken machen, wie groß und umfangreich doch das Gebiet des Marketings ist.

Kapitel 1

Grundlegendes

1.1. Einführung ins Marketing

In den letzten hundert Jahren ist der Begriff des Marketings immer wichtiger geworden. Der Grund hierfür ist der wirtschaftliche Wohlstand und die damit einhergehenden Änderungen auf den Märkten. Die Märkte haben sich von einem Verkäufermarkt in einen Käufermarkt verwandelt.

Während dem Krieg und der Nachkriegszeit herrschte eine starke Ausprägung des Verkäufermarktes. Ein Verkäufermarkt kennzeichnet sich dadurch, dass die Verkäufer gegenüber den Käufern bzw. den potenziellen Käufern klare strategische Vorteile hatten. Ein Verkäufer konnte sich aussuchen, an welchen Käufer er seine Waren verkauft, da er in einer deutlich höheren Position war. In einer Region, in der die Nahrungsmittel knapp sind, hat der einzige Nahrungsmittelerzeuger einen deutlichen Vorteil: Er kann seine Preise so hoch anlegen wie er will, da er keinen Konkurrenzdruck verspürt oder zu erwarten hat.

In der modernen Gesellschaft hat sich dieses Verhältnis aber stark gewandelt. Immer mehr Anbieter strömen mit ihren Produkten auf den Markt und der Käufer kann entscheiden, welches Produkt er kaufen möchte und welches Angebot am besten zu seinen Wünschen passt. Vor diesem Hintergrund ist es für Unternehmen wichtig, dass sie marketingstrategisch handeln und klar ihre Vorteile, ihre Alleinstellungsmerkmale und die Gründe hierfür herausarbeiten und kommunizieren.

Alles in allem kann man Marketing also als die **strategische Marktorientierung** betrachten.

Im Marketing gibt es klassischerweise vier Ebenen, auf denen marketingstrategische Entscheidungen getroffen werden. Diese Ebenen werden auch als „Marketing-Mix" oder „4P" bezeichnet. Diese 4P sind **Product, Price, Promotion** und **Place**.

- **Product** bezeichnet die Produktpolitik und die Gestaltung des (Haupt-) Angebots.
- **Price** bezeichnet die Preispolitik des angebotenen Produktes. Diese legt fest, wie der Verkaufspreis angelegt wird oder welche Rabatte und Preisaktionen im Rahmen des Verkaufspreises möglich sind.

4

- **Promotion** bezeichnet die Kommunikationspolitik des Unternehmens. Diese legt fest, wie und auf welchen Wegen über das Produkt oder das Unternehmen kommuniziert werden soll. Diese Ebene schließt also alle Kommunikationsmaßnahmen ein. Hierzu zählt auch beispielsweise die Werbung.

- **Place** bezeichnet den Ort, an dem das Produkt angeboten werden soll. Hierbei geht es nicht nur um einen physischen Ort, also einen Laden, in dem das Produkt oder die Dienstleistung angeboten werden soll, sondern allgemein der Weg, den ein Produkt geht, bis es zum Kunden kommt. Im Grunde umfasst „Place" die gesamte Verkaufs- und Vertriebspolitik bzw. Vertriebsgestaltung.

Ergänzend zu den Ebenen im klassischen Marketing-Mix, können auch noch weitere „P" ergänzt werden. Hierzu zählen **Physical Evidence, Processes** oder auch **People**.

- **Pysical Evidence** bezeichnet die haptischen und physischen Beweise. Ein besonders wichtiger Punkt dieser Ebene ist die Ausstattungspolitik des Unternehmens.

- **Processes** befasst sich mit der Ausgestaltung der Prozesse im Unternehmen. Damit sind die Produktions- und Bereitstellungsprozesse gemeint, ebenso wie die Prozesse im Kunden- und Beschwerdemanagement.

- **People** bezeichnet die Personenpolitik im Unternehmen. Im Vordergrund stehen hier in erster Linie die Mitarbeiter, die einen Teil der Corporate Identity mittragen und weitervermitteln. Sie haben einen erheblichen Einfluss darauf, wie der Kunde das Unternehmen wahrnimmt. Wird ein Kunde von einem Mitarbeiter unfreundlich behandelt, ist es sehr wahrscheinlich, dass er sich für seine nächste Transaktion einen anderen Anbieter aussuchen wird. Neben den Mitarbeitern spielen aber auch die Kunden selber eine entscheidende Rolle. Durch guten Service kann man beispielsweise Mundpropaganda erzeugen.

Ein Marketingmanager hat also sehr viele Ebenen, die er strategisch betrachten kann und muss, um erfolgreich am Markt agieren zu können.

1.2. Markt und Zielgruppe

Wer an einen Markt denkt, hat mit Sicherheit als erstes einen großen Gemüsemarkt in der Innenstadt von irgendwelchen mittelalterlichen Städten im Kopf. Dieses Bild ist nicht falsch, im Gegenteil: Im Grunde genommen ist es genau das, was einen Markt ausmacht. Händler, die Waren anbieten treffen auf Konsumenten, die planen, diese Waren zu kaufen. Jedes Unternehmen, das Produkte und Dienstleistungen anbietet, bewegt sich auf einem Markt.

Man kann einen Markt definieren als das Zusammentreffen von Anbietern und Nachfragern, um sich über Transaktionen auszutauschen.

Aus der Perspektive der **Volkswirtschaft** und der **Betriebswirtschaft** ergeben sich hierbei zwei verschiedene Ansätze:

Volkswirte sehen den Markt aus der Vogelperspektive. Sie ist im Kern ist die Definition, die wir bereits eben aufgestellt haben. Ein Markt definiert sich hier durch die Menge der Anbieter, Nachfrager und der angebotenen Güter.

In der **Betriebswirtschaft** ist es deutlich detaillierter: Der Markt wird auf Grundlage eines handelnden Wirtschaftssubjektes betrachtet. Unternehmen stellen sich daher die Frage, welche Marktteilnehmer sie beachten müssen.

- Wer sind meine Kunden?
- Wer sind meine potenziellen Kunden?
- Wer sind meine Mitbewerber?
- Wer sind meine potenziellen Wettbewerber?
- Wer sind meine Absatzhelfer?
- Wer sind meine Absatzmittler?
- Wer nimmt Einfluss auf meinen Markt?

Sobald der Markt definiert ist, sollte dieser um strategisch sinnvolle Marketingentscheidungen treffen zu können, segmentiert werden.

Unter **Marktsegmentierung** versteht man die Aufteilung eines großen Marktes in Bezugnahme auf gewisse Eigenschaften der Marktteilnehmer. Dadurch unterteilt man den großen Markt in viele Teilmärkte, die auch als Segmente bezeichnet werden. Man kann den Markt nach den Altersgruppen der Kunden, dem geografischen Wohnort, nach Einkommen, nach Größe des Haushaltes, nach Bildungsstatus und anhand vieler weiterer Kriterien segmentieren.

Die Marktsegmentierung ist der erste Schritt, um die Wunschkunden besser zu definieren und gezielte

Marketingstrategien aufzustellen. Sinnvoll ist es auch, die entsprechenden Unterscheidungsmerkmale zu kombinieren, um ein klareres Bild von den Wunschkunden zu erstellen. Das Erstellen des Wunschkundenbildes ist der erste Schritt in Richtung der Zielgruppendefinition.

Mit **Zielgruppen** sind die Marktsegmente an beispielsweise potenziellen Kunden gemeint, die mithilfe der Marketingmaßnahmen angesprochen werden sollen.

Die Zielgruppe ist die definierte Gruppe, an die sich die Maßnahmen des Marketings richten.

- Bei der Definition der Zielgruppe stehen zwei entscheidende Fragen im Vordergrund: Wen möchte ich mit meinen Produkten bzw. Marketingbotschaften erreichen?
- Ist die definierte Zielgruppe groß genug, dass ich bei der Konzentration auch einen Gewinn erzielen kann?

Folgend die Checkliste zur Definition der Zielgruppe:

- Welche Marktsegmente sollen aus unternehmerischer Perspektive betreut werden?

- Wie groß sind die entsprechenden Marktsegmente?
- Welche Marktsegmente kann man zusätzlich betreuen?
- Welche potenziellen Kunden bewegen sich in diesen Marktsegmenten?
- Welche Eigenschaften haben die potenziellen Kunden?

1.3. Marke und Branding

Ein wichtiger Bestandteil des Marketings ist insbesondere die Marke, die durch die verschiedenen Marketingkanäle aufgebaut und gepflegt werden muss.

Eine Marke hat eine Identifikationsaufgabe. Eine Marke hat die Aufgabe, ein Unternehmen, ein Produkt oder eine Produktlinie zu markieren und sie somit differenzierbar zu machen.

Gerade für Startups und junge Unternehmen bringen ein strategischer Markenaufbau und ein gut durchdachtes Branding sehr viele positive Effekte und Vorteile. Ein starkes Branding kann sogar so weit gehen, dass es für das Unternehmen einen wichtigen Vermögenswert darstellt.

Eine Marke kann beispielsweise die Stärke der Kundenbeziehung positiv beeinflussen. Sie dient hierbei als ein Bezugsobjekt für den Beziehungsaufbau zwischen dem Kunden und deinem Unternehmen. Sie hat das Potenzial, die Kundenbeziehung zu verlängern und auch belastbarer zu machen. So mindert eine Marke auch das Risiko im Krisenfall. Treue Kunden, die sich mit der Marke identifizieren, werden dem Unternehmen und der Marke im Falle einer Krise leichter verzeihen.

Neben der Kundenbeziehung gibt es aber auch weitere Vorteile, die eine starke Marke bietet. Gerade in Märkten, in denen sich Produkte bewegen, die schnell austauschbar sind, werden Marken nicht selten in den Kaufentscheidungsprozess herangezogen. Der Kunde beurteilt das Produkt auf Grundlage des Markenimages und lässt diese Informationen in seine Entscheidungen einfließen. Er wird demnach bei dem Kauf eine Marke mit einem positiven Image bevorzugen. Diese Bevorzugung ermöglicht dem Unternehmer, einen höheren Preis zu verlangen und diesen durch seine Marke zu legitimieren.

Grundlegende Vorteile einer Marke und einem guten Branding sind:

- Aufbau von Kundenbeziehungen

- Vorteile bei der Verhandlung von Vertriebskanälen
- Möglichkeit zu einem vorteilhafteren Preisspielraum
- Übertragbarkeit auf neue Produkte und Produktlinien
- Differenzierungsmerkmale gegenüber Konkurrenzprodukten

Eine Marke und ein Branding spiegelt sich auf zwei Ebenen wieder: Der inneren und der äußeren:

Auf der inneren Ebene betrachtet man die Markenidentität. Sie ist die Markenbotschaft, die aus dem Inneren des Unternehmens stammt und von Mitarbeitern und der Unternehmensvision beeinflusst wird. Die Markenidentität ist im Vergleich zu der äußeren Ebene von dem Unternehmen steuerbar.

Auf der äußeren Ebene betrachtet man das Markenimage. Dieses beschreibt die Wirkung einer Marke aus der Perspektive von Stakeholdern außerhalb des Unternehmens wie Kunden, potenziellen Kunden oder auch den Konkurrenten. Das Markenimage definiert sich aus den vom Unternehmen gesendeten Botschaften in Verbindung mit den Erfahrungen, die die einzelnen Personen mit dieser Marke gemacht haben.

Um eine Marke glaubhaft aufzubauen und auf dem Markt zu positionieren, hat man als Marketingmanager verschiedene Werkzeuge, die anbei aufgeführt sind:

- Das Logo
- Der Markenname
- Das Corporate Design
- Markenbilder
- Weiterführende Werkzeuge des Marketing-Mix (Auf diese wird im weiteren Verlauf dieses Buches genauer eingegangen)

Kapitel 2

Das Produkt

2.1. Grundlegendes zum Produkt

Unter einem Produkt wird ein hergestelltes Gut oder eine Dienstleistung verstanden, die von einem Unternehmen angeboten wird, die von den Kunden gekauft werden soll.

Das Ziel des Produktes bzw. die Existenzgrundlage des Produktes ist ein Problem, das Kunden haben, welches das angebotene Produkt lösen soll. Nur, wenn ein Kunde erkennt, dass das Produkt ein Problem löst, das ihn beschäftigt, ist er auch dazu geneigt, das Produkt zu kaufen.

2.2. Strategien für angebotene Produkte

1. *Produktdiversifikation*

Die Produktdiversifikation beschreibt, die Erweiterung des Produktprogramms um weitere Produkte, die nicht unmittelbar mit dem Hauptprodukt zu tun haben müssen. Hierbei gibt es drei Ebenen: Die **Horizontale Produktdiversifikation** beschreibt neue Produkte, die auf derselben Nutzenstufe wie das Hauptprodukt stehen und einen thematischen Zusammenhang bilden. Dieser ist beispielsweise gegeben, wenn ein Hersteller für Tennisschläger auch Knieschoner herstellt.

Bei der **Vertikalen Produktdiversifikation** handelt es sich um ein Produkt, das dem bisherigen Produkt eine Fertigungsstufe vor- oder nachgelagert ist. Das liegt vor, wenn ein Hersteller eines Biogetränks auch einen Biobauernhof gründet.

Die **laterale Produktdiversifikation** hat mit dem Grundprodukt keine Verbindung. Sie beschreibt die Erweiterung des Produktprogramms um komplett neue Produkte.

2. Produktdifferenzierung

Bei der Produktdifferenzierung handelt es sich um Veränderungen am Hauptprodukt, mit dem Ziel, die Nachfrage weiter abzuschöpfen. Passieren kann diese ebenfalls auf zwei Ebenen:

Durch **Vertikale Produktdifferenzierung** nimmt der Hersteller Veränderungen an der Qualität seines Produktes vor. Er nutzt beispielsweise hochwertigere Rohstoffe, um ein Premiumprodukt herzustellen. Mit dieser Strategie kann der Unternehmer die Nachfrage abschöpfen, die bereit gewesen wäre, auch mehr für das Produkt auszugeben.

Bei der **Horizontalen Produktdifferenzierung** wird keine qualitative Änderung am Produkt vorgenommen. Diese liegt dann vor, wenn beispielsweise ein Produkt in mehreren Farben oder Formen angeboten wird.

3. Produktmodifikation

Hierbei handelt es sich um die Modernisierung des bestehenden Produktes. Die Produktmodifikation ist vor allem ein wichtiges Werkzeug um die Lebenszeit von einem Produkt zu verlängern.

4. Die Produkteliminierung

Wenn ein Produkt keinen Gewinn mehr erzielen kann und somit die Aufwendungen für die Herstellung höher sind, als der Nutzen, den dein Unternehmen daraus zieht, sollte dieses Produkt aus der Herstellung und von dem Markt genommen werden.

5. Sekundärleistungen anbieten

Sekundärleistungen sind Leistungen, die man zusätzlich zu einem Produkt anbieten kann, um beispielsweise den Verkauf anzukurbeln. Diese zusätzlichen Leistungen können die kostenlose Beratung zum Produkt, ein Kundenservice, sowie auch Garantien sein.

2.3. Strategien für den Produktlebenszyklus

Grundsätzlich durchlaufen Produkte in ihrer „Lebenszeit" mehrere Stufen und Phasen, die sich im Produktlebenszyklus wiederfinden.

Die erste Phase ist die **Einführungsphase**. Hier kommt das Produkt neu auf den Markt und ist ein kompletter Newcomer. Bei der Einführungsphase ist es besonders wichtig, viel auf Marketing in der Kommunikation zu setzen, damit das Produkt schnell an Marktanteil gewinnt. In der Regel kann hier noch kein Gewinn erwirtschaftet werden, da die Produktionskosten und die Aufwendungen für Marketing die Einnahmen übersteigen.

In der zweiten Phase, der **Wachstumsphase** können schon erste Gewinne verzeichnet werden. Langsam aber sicher gewinnt das Produkt auf dem Markt an Bedeutung. Gleichzeitig besteht auch weiteres Potenzial. Hier ist es relativ reizvoll, Sekundärleistungen wie Kundenservice und Produktberatungen einzuführen, sollten diese nicht schon von Beginn an zum Portfolio gehört haben.

In der dritten Phase, der **Reifephase** wächst der Marktanteil geringer als in der Wachstumsphase. Hier sind die Gewinne in der Regel am höchsten. Die Reifephase dauert auch in den häufigsten Fällen am längsten. Das vorgelagerte Ziel ist es hier, möglichst viel Gewinn mitzunehmen. Die Kosten für kommunikationspolitische Maßnahmen können hier strategisch etwas heruntergeschraubt werden, um die Gewinnmarge zu erhöhen. Hier ist auch der strategisch beste Zeitpunkt, um beispielsweise Produktdifferenzierung vorzunehmen, wenn dies nicht schon von Beginn an vorlag.

In der **Sättigungsphase** wird hingegen kein Marktwachstum mehr verzeichnet. Sie endet dann, wenn keine Gewinnsteigerung mehr verzeichnet wird und es in die Rückgangsphase kommt. In der Rückgangs- oder Degenerationsphase schrumpfen der Marktanteil, der Gewinn und auch die Bedeutung auf dem Markt. In der Regel endet die **Rückgangsphase** mit der Einstellung des Produktes und somit in der Nachlaufphase. Strategisch kann man in der Rückgangsphase durch Veränderungen und Modernisierungen an dem Produkt auch einen Relaunch ermöglichen. Dadurch kann man die Lebensdauer eines Produktes weiter verlängern. Das

Ziel eines Relaunches ist es, das bestehende Produkt in den Augen der Zielgruppe weiter attraktiv erscheinen zu lassen. Das geschieht mithilfe der Produktmodifikation in Verbindung mit weiteren kommunikationspolitischen Maßnahmen.

Kapitel 3

Die Preisgestaltung

3.1. Der Mindestpreis

Damit der Unternehmer weiß, welchen Spielraum er bei der Gestaltung der Preise hat, müssen zunächst die Kosten bekannt sein, die bei der Produktion der entsprechenden Produkte anfallen.

Die Kosten, die für die Herstellung von einem Produkt anfallen, können als variable **Kosten je Einheit** bezeichnet werden. Sie fallen ausschließlich bei der Produktion von einem Produkt an (z.B. Materialkosten, Arbeitskraft...)

Auf der anderen Seite fallen in einem Unternehmen natürlich auch Kosten an, die unabhängig von der Herstellung der Produkte sind. Dazu gehören beispielsweise Miete, Personalkosten, Stromkosten und weitere Abgaben. Diese Kosten werden als **fixe Kosten** bezeichnet.

Mithilfe dieser Kostenarten kann die Preisuntergrenze oder auch der Mindestpreis berechnet werden. Dieser Mindestpreis muss als Grundlage für die Preisgestaltung herangezogen werden. Denn nur, wenn der gesetzte Preis über diesem Mindestpreis liegt, ist es möglich, dass das Unternehmen einen Gewinn erzielt. Der Mindestpreis hat zum Ziel, dass bei einem Verkauf von allen hergestellten Produkten mindestens die angefallenen Kosten gedeckt werden können.

Dadurch ergibt sich folgende Berechnungsrundlage:

Mindestpreis = (Fixe Kosten / Hergestellte Produkte) + Variable Kosten pro Einheit

Demnach berechnet sich die Preisuntergrenze, indem man die Fixkosten durch die Menge an Produzierten Produkten teilt und diesen Betrag mit den variablen Stückkosten addiert. Mit dem Mindestpreis deckt man also die variablen Herstellungskosten und einen Teil der Fixkosten.

Natürlich ist der Mindestpreis nicht der Preis, zu dem das Unternehmen das Produkt anbieten sollte. Er zeigt lediglich, wie groß der Preisspielraum ist.

3.2. Preisfestsetzung

Bei der Preisfestsetzung gibt es zwei zentrale Möglichkeiten: Kunden- und Konkurrenzorientierung

Bei der **Nachfrageorientierung** gibt es in erster Linie die Möglichkeit, die Zielgruppe zu fragen, wie viel sie für das Produkt zahlen würde. Wenn man sich für diese Analyse entscheidet, wird sich entsprechend zeigen, ob die Kunden bereit sind, den Preis zu zahlen. In diesem Fall kann man sich beispielsweise an dem am häufigsten genannten unteren Preis orientieren. Bei der Befragung werden viele Kunden wahrscheinlich auch mehr zahlen wollen. Daher ist die Preisdifferenzierung bei dieser Festsetzung zu beachten. In den Marktsegmenten von Kunden, die bereit sind, mehr für ein Produkt auszugeben, kann man durch Preis- und Produktdifferenzierung höhere Preise verlangen. Als Anbieter kann man beispielsweise ein Premiumprodukt herstellen und dafür einen deutlich höheren Preis verlangen.

Bei der **Konkurrenzorientierung** werden die geforderten Preise der Konkurrenz analysiert und anhand dieser Analyse ein sogenannter Leitpreis erstellt. Anhand des Leitpreises gibt es weitere Möglichkeiten und Strategien zur Festsetzung der Preise.

Anpassung an den Leitpreis. Diese ist vermutlich die beste Möglichkeit, wenn ein Unternehmen komplett neu auf dem Markt ist und es das Alleinstellungsmerkmal nicht mithilfe von der Preisgestaltung festlegt.

Unterbietung des Leitpreises. Wenn das Unternehmen eine Niedrigpreisstrategie nutzen möchte, muss der festgesetzte Preis die Preise der Konkurrenten unterbieten. Dadurch kann das Unternehmen im besten Falle mehr Verkäufe erzielen, denn für gewöhnlich bevorzugen Kunden einen niedrigeren Preis. Sinnvoll ist diese Strategie aber nur, wenn die Kosten durch die getätigten Verkäufe gedeckt werden.

Überbietung des Leitpreises. Dies ist eine sehr sinnvolle Strategie, wenn es die Marke und die Kommunikationsmaßnahmen zulassen. Die Überbietung der Konkurrenzpreise hat den Vorteil, dass ein höherer Deckungsbeitrag pro verkauftem

Produkt erzielt werden kann und der Anbieter insgesamt auch weniger Produkte verkaufen muss, um seine Kosten zu decken.

Doch gerade als Startup hat man manchmal keine Konkurrenten, an denen man sich orientieren kann. Das gilt insbesondere dann, wenn man ein komplett neues Produkt auf den Markt bringt.

Welche Möglichkeit gibt es dann zur Orientierung für die Festsetzung des Preises?

Hier gibt es einen ganz interessanten Tipp: Jedes Produkt löst ein Problem der entsprechenden Zielgruppe. Als Unternehmer in einem Startup muss man herausfinden, wie die Zielgruppe das zu behebende Problem bisher löst. Man kann die Preise der Produkte, die zur bisherigen Problemlösung herangezogen werden, auch für die Festsetzung des eigenen Preises nutzen. Als Konkurrenten werden so keine direkten Konkurrenten herangezogen, sondern die Hersteller, die das eigene Produkt austauschbar machen können.

3.3. Weitere Möglichkeiten bei der Preisgestaltung

Zu deiner Preisgestaltung gehören außerdem auch Rabatte und weitere Preisvergünstigungen wie beispielsweise Skonto.

Zur Markteinführung, kann man beispielsweise eine Werbekampagne starten, die mit **Rabatten** in den ersten Wochen nach Geschäftsstart wirbt. Durch die niedrigeren Preise, werden vermutlich direkt zu Beginn viele Kunden angezogen, die neue Produkte zum ersten Mal testen wollen. Wenn das Produkt überzeugen kann, werden die Kunden vermutlich häufiger wiederkommen.

Eine weitere Möglichkeit sind **Preisnachlässe** bei einer bestimmten Menge an Verkäufen. Man kann hier auch **Treuepunkte** vergeben, die Kunden dazu animieren, weitere Produkte zu kaufen.

Kapitel 4

Vertrieb und Ort des Angebots

In diesem Kapitel wird sich mit der Gestaltung des Vertriebes beschäftigt. Natürlich sind die Vertriebsmaßnahmen von dem Produkt abhängig. Sind die Produkte, die vertrieben werden sollen haptische Produkte, digitale Produkte oder Dienstleistungen? Diese Frage ist maßgeblich für die Gestaltung des Vertriebes und die Nutzung der Vertriebswege entscheidend.

4.1. Vertriebsmöglichkeiten

Zu Beginn werden klassische Vertriebsmöglichkeiten betrachtet.

Das Unternehmen kann einen eigenen Verkauf oder sogar ein eigenes Geschäft besitzen. Hier gibt es beispielsweise die Möglichkeiten für einen direkten Fabrikverkauf oder einen eigenen Laden in der Fußgängerzone der Stand, in der sich das Startup befindet. Möglicherweise startet das Startup auch in erster Linie als ein Geschäft in einer einzelnen Stadt. Bei diesen eigenen Absatzwegen handelt es sich klar um einen direkten und selbstbestimmten Verkauf.

Alternativ kann sich ein Startup auch an einen Vertriebspartner wenden. Bei einer Zusammenarbeit mit Vertriebspartnern gibt es viele verschiedene Möglichkeiten, diese zu gestalten. Die Entscheidung ist auch unter anderem: Hat man einen exklusiven Vertriebspartner oder arbeitet man mit mehreren gleichzeitig zusammen? Hat man vielleicht verschiedene Vertriebspartner, um verschiedene Produktlinien zu vertreiben? Vielleicht ist es möglich, dass man die Exklusivität auch aufspaltet, sodass zwei Partner jeweils für eine eigene Produktlinie exklusiv verantwortlich sind.

Wenn das Produkt in den klassischen Einzelhandel kommen soll, gibt es zwei Strategien, man als Unternehmer nutzen kann: Die Push- und die Pull-Strategie.

Bei der **Push-Strategie** fragt der Unternehmer konkret bei Händlern nach, die das Produkt anbieten sollen. Im Erfolgsfall nehmen sie das Produkt in ihr Sortiment auf. Die Kunden werden durch das Angebot auf das vertriebene Produkt aufmerksam.

Bei der **Pull-Strategie** ist vor allem die Arbeit in der Kommunikation gefordert. Wenn das Unternehmen viel an seine Kunden kommuniziert, werden sie von sich aus auf die Händler zugehen und nach dem

Produkt fragen. Das hat wiederum zur Folge, dass die Händler bei dem Unternehmen direkt nachfragen, ob sie das Produkt vertrieben dürfen.

Gerade bei Startups ist der Begriff des digitalen Vertriebs und des **E-Commerce** sehr relevant. Dieser Begriff beschreibt schlicht das Verkaufen von Produkten auf dem elektronischen Wege. Auch hier gibt es die Möglichkeit, einen eigenen Webshop zu erstellen oder die Produkte von anderen Anbietern vertrieben zu lassen. Damit man einen eigenen Webshop auch profitabel nutzen kann, muss zu Beginn auch genügend Traffic auf der Unternehmenswebsite erzeugt werden. Es müssen also genug potenzielle Kunden auf die Seite klicken, mit denen der Umsatz generiert werden soll. Alternativ können die Produkte auch auf digitalen Marktplätzen wie Amazon oder eBay angeboten werden. Diese digitalen Marktplätze haben den Vorteil, dass sie bereits über einen hohen Traffic verfügen und die eigenen Produkte gemeinsam mit gleichartigen Konkurrenzprodukten angeboten werden können. Die Kunden erhalten bei Interesse an Konkurrenzprodukten auch den Vorschlag, sich einmal eine andere Option anzusehen. Das erhöht die Wahrscheinlichkeit eines Kaufes enorm, da sich der Kunde bereits am **Point of Sale** befindet.

Jedes Unternehmen muss an dieser Stelle für sich individuell herausfinden, welchen Vertriebskanal die meisten Vorteile bietet und wie das Produkt am besten verkauft werden kann.

4.2. Der schnelle Weg zum Kunden

Eine weitere entscheidende Frage der Vertriebsgestaltung der Verkaufshürden, die mit jedem Vertriebsweg einhergehen. Je höher die Hürden bei dem Kauf eines Produktes sind, desto wahrscheinlicher ist es, dass ein Kunde während des Kaufprozesses abspringt und im schlimmsten Falle zu der Konkurrenz geht.

Was bedeutet das konkret für die Gestaltung des Vertriebs?

Die Zugänglichkeit muss einfach sein. Dem Kunden dürfen bei dem Kauf keine Hürden im Weg stehen. Diese Hürden können sehr unterschiedlich sein und auch sehr unterschiedlich auf den Vertriebswegen anfallen. Die Aufgabe eines Startuppers ist es daher, die Hürden durch regelmäßige Vertriebswegkontrolle abzubauen oder komplett zu beseitigen.

Diese Hürden können sein:

Im (eigenen) Laden

- Haptische Barrieren für Gehbehinderte
- Eine schwer zu erreichende Lage der Geschäftsräume
- Keine oder nicht genügend Parkmöglichkeiten
- Fehlende oder sehr schlecht ausgearbeitete Verkehrsinfrastruktur des Standortes
- Zu wenig Mitarbeiter
- Fehlende Beratung
- Zu lange Wartezeiten an der Kasse
- Fehlende Zahlungsmöglichkeiten

Über externe Vertriebler

- Aufdringliches oder Unfreundliches Verhalten der Vertriebler
- Fehlende Kaufinformationen und fehlende Informationsmaterialien
- Fehlende individuelle Beratung
- Undurchsichtige Lieferungszeiten

Eigener Webshop

- Eine zu zeitaufwendige Registrierung
- Das Fehlen der Möglichkeit, auch ohne Registrierung einen Kauf zu tätigen

- Schwierige Zugänglichkeit von Allgemeinen Geschäftsbedingungen, Lieferbedingungen oder Datenschutzerklärungen
- Fehlende Zahlungsmöglichkeiten
- Zu viele Fenster bei der Bestellung
- Unübersichtliche Websitegestaltung

Die oben genannten Hürden sind nur einige Beispiele, die auftreten können. Diese Liste kann bis ins unendliche fortgeführt werden. Aus diesem Grund ist es ratsam, die Kunden auch regelmäßig nach der Zufriedenheit bei dem Bestellungs- und Auslieferungsprozess zu befragen.

Kapitel 5

Möglichkeiten der Marktkommunikation

5.1. Klassische Werbung

Das Besondere an klassischen Werbemaßnahmen ist, dass sie einseitig bespielt werden. Als Unternehmen hat man durch die klassische Mediawerbung also die Chance, die Werbebotschaft direkt über das entsprechende Medium zu versenden. Hierbei profitiert der Werbetreibende von der Reichweite und der Zielgruppe des genutzten Mediums.

In diesem Kapitel wird sich mit den Werbeträgern der klassischen Werbung beschäftigt. Vorweg muss noch einmal erwähnt werden, dass es keine Werbestrategie gibt, die auf alle Unternehmen und Produkte gleichermaßen angewendet werden kann. Die Entscheidung, welcher Werbeträger genutzt werden soll, ist letztendlich auch von dem vorher festgesetzten Werbebudget abhängig.

Fernsehen

Das Fernsehen ist nach wie vor ein Medium, das eine unglaublich hohe Reichweite besitzt. Durch neue Sender und auch Pay-TV-Angebote haben sich in den vergangenen Jahren immer mehr Fernsehsender gebildet, die man nutzen kann, um seine Werbung auszustrahlen. Die Ausdifferenzierung der verschiedenen Fernsehsender bringt den Vorteil mit sich, dass der Werbetreibende seine Zielgruppe genauer ansprechen kann. Die klaren Vorteile der TV Werbung sind also die hohe Reichweite und die neu geschaffene Differenzierung. Als die entscheidenden Nachteile sind die Gefahr der Werbeflucht zu nennen, ebenso wie der sehr hohe Preis einer Schaltung.

Gerade der letzte Punkt ist für Startups ein großer Nachteil. Nicht nur ist die Schaltung der Werbemaßnahmen extrem hoch, sondern auch die damit Verbundene Produktion des Werbespots.

Kino

Die Kinowerbung ist grundsätzlich günstiger als die Fernsehwerbung und wird auch oft von lokalen Geschäften genutzt.

Zudem bietet sie weitere Vorteile: Da der Kunde in einer Freizeitsituation ist, ist er durchaus entspannter, eine Werbebotschaft aufzunehmen. Die Gefahr der Werbeflucht wird verringert, da es im Kino nicht gerne gesehen ist, bei einer Vorführung das Mobiltelefon zu nutzen. Das Kino bietet außerdem die Möglichkeit zur lokalen Differenzierung. Das bedeutet, dass man in der unmittelbaren lokalen Umgebung gezielt Werbebotschaften senden kann. Ob der Werbetreibende auch den Film aussuchen kann, vor dem die Werbung gezeigt wird, ist jedoch unterschiedlich. Es gibt Kinos, bei denen man den Film aktiv auswählen kann. Wenn man aber über einen Verleiher von Filmmaterial die Strategie aufbaut, ist dies in der Regel nicht möglich. Ein weiterer Nachteil ist leider auch, dass das Kino in den vergangenen Jahren immer mehr an Bedeutung verloren hat. Hinzu kommt, dass die Produktion des Werbespots auch hier sehr kostenintensiv ist.

Radio

Das Radio ist ein Begleitmedium, das während der Arbeit, während einer Autofahrt oder während dem Essen gehört wird. Dadurch sind die Aufmerksamkeit und die damit verbundene Aufnahme der Werbebotschaften nicht so hoch wie bei Medien, die aktiv genutzt werden. Jedoch bietet auch das Radio die Möglichkeit einer lokalen Strategie. Es gibt Radiosender, die nur in einer Stadt oder einem Landkreis zu empfangen sind, während es Sender gibt, die ein gesamtes Bundesland abdecken. Hinzu kommen auch zahlreiche Sendeanstalten, die ihr Angebot über das Internet zur Verfügung stellen. Bei der Auswahl des Radiosenders hat man also sehr viele Möglichkeiten und eine relativ hohe Preisspanne.

Lokale Tageszeitungen

Sie bieten den größten Vorteil gerade für Startups mit einem lokalen Markt. Auch wenn die Zahl der

Zeitungen in den letzten Jahren dramatisch zurückgegangen ist, sind diese nach wie vor eines der wichtigsten Informationsmedien innerhalb einer bestimmten Region. Die Marken von lokalen Tageszeitungen sind mittlerweile alle ins Netz gezogen. So hat man als Werbetreibender auch die Möglichkeit, das Angebot aus dem Internet für seine Werbemaßnahmen zu nutzen. Der Aufwand der Schaltung einer klassischen Anzeige in einer Tageszeitung ist sehr simpel und in der Regel bietet die Zeitung auch einen Service zur Anzeigengestaltung an.

Zeitschriften

Zeitschriften sind gerade was die Ansprache einer bestimmten Zielgruppe angeht, sehr interessant. Denn es existieren Unmengen von Nischenzeitschriften, mit denen man seine Zielgruppe konkreter erreichen kann. So werden Streuverluste der Botschaft minimiert. Die Nischen sind bei der Auswahl an Zeitschriften quasi unbegrenzt.

Der Nachteil von Kampagnen in Zeitschriften ist jedoch, dass auch hier die Kosten für die einmalige Schaltung sehr hoch sind und auch der Tausend-Kontakte-Preis relativ hoch ist. Alternativ kann man sich aber auch mit der Bitte um Werbeanzeigen auf dem Webangebot des Verlages melden oder Werkzeuge der Öffentlichkeitsarbeit nutzen.

Außenwerbung

Die Außenwerbung hat ebenfalls nach wie vor hohe Relevanz. Zur Außenwerbung gehören klassischerweise Plakatwerbung, sowie auch Videoscreens.

Außenwerbung hat jedoch den Nachteil, dass diese eher unbewusst wahrgenommen wird. Ein Autofahrer beispielsweise hat nur den Bruchteil einer Sekunde Zeit, sich die Botschaft anzusehen.

Postwurf und Flyer

Postwurf und Flyer sind eine verhältnismäßig günstige Alternative zu den Printmedien. Druckereien bieten kleine Auflagen von Flyern schon für unter 20 Euro an. Man kann diese auslegen oder per Postwurf verteilen oder verteilen lassen. Auch hierfür gibt es Services, die diese Aufgabe übernehmen. Man kann die Flyer aber auch in lokale Zeitungen legen lassen. Eine weitere Option ist, gezielt die Adressen der

Wunschkunden heraussuchen und die Materialien direkt in den Postkasten einzuwerfen. Ein Nachteil hiervon ist schlichtweg erneut der Streuverlust. Flyer landen auch oft einfach ungelesen im Müll.

Internet Anzeigen

Im Internet hat man ebenfalls die Möglichkeit, klassische Anzeigen zu schalten. Diese werden dann als Banner, Popups oder weitere Medien auf verschiedenen Websites gepostet. Wenn man sich hier direkt an einen Anbieter wie Facebook oder Google wendet, hat man zudem die Möglichkeit, die Zielgruppe konkret auszuwählen und zu definieren. Außerdem kann man das Budget so hoch oder so niedrig ansetzen, wie man möchte. Es ist also auch eine kostengünstige Möglichkeit, die Anzeigen zu schalten.

Der Nachteil von allen klassischen Werbemöglichkeiten ist die schwierige Überprüfung des Erfolges. Eine gängige Methode ist es, die Verkäufe vor und nach der Kampagne miteinander zu vergleichen. Als Startup hat man hierfür aber leider nur selten Zeit. Aus diesem Grund ist eine ausführliche Planung und Mediaanalyse sehr ratsam. Viele der oben genannten Medien bieten die Möglichkeit, ihre Mediadaten einzusehen, damit man auf dieser Grundlage die Kampagne planen und erstellen kann.

Kennzahlen der Mediaplanung

Bruttoreichweite

Die Bruttoreichweite beschreibt alle Kontakte, die mit einer Werbemaßnahme erzielt wurden.

Nettoreichweite

Die Nettoreichweite beschreibt die Anzahl der Personen, die mit einer Werbemaßnahme in Kontakt getreten sind.

OTS und Tiefenwirkung

Wenn man die Brutto- und Nettoreichweite ermittelt hat, kann man zur Bestimmung der Tiefenwirkung die durchschnittliche Kontaktchance errechnen. Man errechnet den Durchschnittskontakt, indem man die Bruttoreichweite durch die Nettoreichweite teilt.

OTS= Bruttoreichweite/Nettoreichweite

Tausend-Kontakte-Preis (TKP)

Der Tausend-Kontakt-Preis ist eine wichtige Kennzahl der Mediaplanung. Der TKP zeigt an, wie hoch die Kosten sind, um 1000 Kontakte mit einer Werbemaßnahme zu erreichen. Bei dem TKP ist die Bruttoreichweite das Entscheidende. Es ist somit völlig unerheblich, wie viele Personen in Kontakt mit einer Werbemaßnahme gekommen sind. Es zählen alle Kontakte mit einer Werbemaßnahme.

Berechnet wird der TKP, indem man die Schaltungskosten durch die Kontaktsumme (Bruttoreichweite) teilt und das Ergebnis mit tausend multipliziert.

TKP= (Kosten/Bruttoreichweite)*1000

5.2. Social Media Marketing

In diesem Teilkapitel wird das Social Media Marketing betrachtet.

In den letzten Jahren ist das Social Media Marketing immer wichtiger geworden. Der Grund hierfür liegt auf zwei Ebenen: Zum einen finden sich immer mehr Nutzer in den sozialen Medien, weswegen es für Startups und Unternehmen insgesamt immer elementarer wird, die Zielgruppe auch hier einzufangen. Zum anderen erleichtert das Social Media Marketing bzw. eine sinnvolle und gut durchdachte Social Media Strategie das Schalten von Werbeanzeigen auf den entsprechenden Netzwerken.

Im Folgenden werden die wichtigsten Netzwerke vorgestellt:

Facebook

Facebook bietet natürlichen Personen und Unternehmen die Möglichkeit einer direkten Darstellung. Man kann auf der Seite und auf einem Business Account Beiträge posten und teilen. Diese Beiträge können reine Textbeiträge sein, Bilder, Videos oder auch Kombinationen aus diesen Medien.

Nutzer können Profilen folgen und durch „Likes" ihr Interesse an Inhalten bekunden. Zudem gibt es auch Facebook-Gruppen. Eine Gruppe auf Facebook ist wie eine modernere Art des klassischen Webforums. Das Netzwerk bietet außerdem die Option, Veranstaltungen zu erstellen und zu teilen.

Die großen Vorteile des Netzwerkes sind, dass es nach wie vor eine große Reichweite und unzählige aktive Mitglieder hat. Durch Gruppen, Veranstaltungen und Interessen- und Unternehmensseiten sind die Möglichkeiten einer Werbeaktion quasi unbegrenzt. Ein Nachteil bei Facebook ist leider die nachlassende Nutzeraktivität.

Instagram

Dieses Netzwerk ist ein sehr visuelles Netzwerk, das vor allem Bilder und Videos nutzt. Instagram verzeichnet regelmäßig neue Nutzer und gehört so zu den am schnellsten wachsenden sozialen Netzwerken. Ein großer Trend sind vor allem die sogenannten „Instagram Stories". Instagram Stories sind Posts, die in einer Sonderkategorie angezeigt werden und nach 24 Stunden automatisch gelöscht werden. Diese besteht aus einer Diashow, die mit Bildern, Musik, Videos und Effekten erstellt wird. Durch die Nutzung von Hashtags, können Posts mit anderen inhaltlich verwandten Beiträgen verbunden werden. Die Nutzer können sogar einen einzelnen Hashtag abonnieren und werden bei neuen Posts, die mit diesem gekennzeichnet sind, benachrichtigt. Instagram kann vor allem für den Aufbau einer Marke sehr gut genutzt werden. Wichtig ist hier in erster Linie, dass die Posts einheitlich aussehen und optisch ansprechend gestaltet sind.

Twitter

Bei Twitter handelt es sich um ein soziales Netzwerk, das sich auf Kurzbeiträge spezialisiert hat. Die Textbeiträge der Nutzer sind auf 140 Zeichen begrenzt. Ziel sollte es bei den Twitterposts sein, sich möglichst kurz, prägnant und vor allem unmissverständlich auszudrücken. Diese sogenannten Tweets können ebenfalls wie bei Instagram mit Hashtags verbunden werden. Auf Twitter haben die Nutzer außerdem die Möglichkeit, Fotos und Videos zu posten. Twitter ist auch eine sehr gute Möglichkeit, um einen Beitrag für die Pressearbeit oder allgemein für Public Relations zu leisten.

YouTube

YouTube ist der größte Anbieter von Videomaterial im Netz. Hier können die Nutzer Videos hochladen und Playlists erstellen. In den letzten Jahren ist das Livestreaming auf YouTube immer populärer geworden. Man kann während eines Livestreams mit den Nutzern chatten oder direkt in dem Video auf die Fragen eingehen. Da YouTube zu Google gehört, kann man mit YouTube-Inhalten auch sehr viel für seine Suchmaschinenoptimierung tun und sich als Marke positionieren. Die Produktion der Inhalte für YouTube ist alles in allem etwas aufwendiger, als bei anderen sozialen Netzwerken, da es sich bei den Inhalten um Videomaterial handelt.

Karrierenetzwerke

Hierbei handelt es sich ebenfalls wie bei Facebook um Netzwerke, in denen man Videos, Bilder und Textbeiträge posten kann. Jedoch hat vor allem das Netzwerk LinkedIn das Ziel, professionelle und businessrelevante Inhalte zu stellen. Das Nutzerprofil stellt also einen Lebenslauf dar und das Firmenprofil ist die Darstellung des Unternehmens in dem Netzwerk. Das Karrierenetzwerk ist die richtige Möglichkeit, Geschäftsbeziehungen aufbauen und auch Kontakt zu anderen Nutzern zu halten. Man kann Nachrichten schreiben, Gruppen erstellen oder auch an Onlinekursen teilnehmen. Das besondere an LinkedIn ist, dass es international genutzt wird und man durch das Netzwerk auch internationale Verbindungen knüpfen kann.

Grundsätzlich bietet das Social Media Marketing bestimmte Vor- und Nachteile, die anbei aufgelistet sind:

Vorteile

- Direkter Austausch mit der Zielgruppe
- Schnelle Marktanalysemöglichkeit
- Schnelle Reaktionsmöglichkeit
- Durch Links kann man leicht auf die eigene Firmenseite verweisen.
- Strategische Markenpositionierung durch eine gut durchdachte Strategie
- Der wohl größte Vorteil ist die einfache Erfolgsmessbarkeit. Viele Netzwerke bieten an, Analysetools zu nutzen. Neben den professionellen Analysetools kann man natürlich auch Likes und Aufrufe als eigene Kennzahlen nutzen. So findet man heraus,

welche Posts am besten bei der umworbenen Zielgruppe ankommen.

Nachteile

- Man muss regelmäßig posten und den entsprechenden Aufwand abwägen. Ein Social Media Kanal funktioniert nur, wenn er regelmäßig über neue Inhalte verfügt.
- Hoher Aufwand bei einigen Posts.
- Kostspielig, da nicht selten Social Media Manager eingestellt oder Agenturen beauftragt werden müssen.

Evergreen vs. Aktueller Inhalt

Eine Frage, die unter Social Media Managern regelmäßig diskutiert wird, ist die Frage nach Evergreencontent oder dem aktuellen Content. Die Frage beschäftigt sich also damit, ob der gepostete Inhalt einen aktuellen Bezug besitzen oder lieber allgemeingültig sein soll.

Die Vorteile von aktuellen Beiträgen sind, dass die Beiträge von dem aktuellen Trend mitgetragen werden. Die Leute wollen sich zu einem aktuellen Thema informieren und gehen verstärkt im Netz auf die Suche nach Beiträgen, wo sie mehr Informationen finden können. Durch diesen Hype werden auch mehr Leute auf bestimmte Social Media Beiträge kommen. Durch den erhöhten Traffic hat man als Unternehmen eine größere Chance, dass mehr Leute ihr Interesse an dem Profil bekunden.

Die Schattenseite der aktuellen Kommunikation ist hingegen, dass die Herstellung eines aktuellen Inhalts weniger planbar ist und sich die Informationslage auch schnell wieder ändern kann. Man muss den Inhalt also im besten Fall genau dann posten, wenn man ihn auch hergestellt hat. Ein weiterer Nachteil ist, dass der Hype sehr schnell wieder abflachen kann. Es ist außerdem sehr schwierig zu beurteilen, welche Nachrichten auch tatsächlich zu Hypes werden. Aktuelle Posts sind auch nicht planbar. Wiederkehrende Ereignisse wie Weihnachten, Ostern oder Silvester können hingegen vorgeplant werden. Wobei diese Posts eher eine Mischung aus Aktuell und Evergreen darstellen.

Der Evergreen Content sind Beiträge, die immer gepostet werden können. Es handelt sich hierbei um Beiträge, bei denen man ziemlich sicher sein kann, dass diese regelmäßig über das Jahr verteilt und über etliche Jahre hinweg von Nutzern gesucht und gelesen werden. Das sind meistens alltägliche Tipps oder auch lustige Beiträge ohne einen direkt zusammenhängenden aktuellen Bezug. Diese Beiträge haben den Vorteil, dass sie ungeachtet der Zeit gepostet und hergestellt werden können. Es ist daher auch strategisch sinnvoll, diese vorzuproduzieren. Die Evergreen Inhalte bieten zwar nicht auf Anhieb einen hohen Traffic auf den Social Media Kanälen, jedoch können sie diesen bei regelmäßiger Nutzung konstant halten.

Empfehlenswert ist hierbei eine gesunde Mischung aus aktuellen und Evergreen Post. Man kann mit aktuellen Posts schnell die Nutzerzahl erhöhen und sie mit Evergreen auch langfristig halten.

5.3. Online-Marketing

In dem vorherigen Kapitel wurde sich bereits mit Social Media Marketing beschäftigt. Natürlich ist das Social Media Marketing ein sehr großer Baustein des Online Marketings. In diesem Kapitel werden noch weitere Aspekte des Online Marketings betrachtet.

Das E-Mail Marketing

Bei dem E-Mail Marketing handelt es sich um eine Marketingmaßnahme zur Direktansprache. Als Unternehmer hat man die Möglichkeit, über E-Mails Informationen direkt an die Kunden bzw. die Zielgruppe zu verschicken und diese zu personalisieren. Man hat sogar die Möglichkeit, ganze Mailinglists zu erstellen.

Die Mailinglists können auch über externe Anbieter eingerichtet werden. Das Ziel sollte sein, die Mailinglist immer auf dem neuesten Stand zu halten und so viele Mailkontakte der Zielgruppe wie möglich zu sammeln. Hierbei muss man aber dringend auf den Datenschutz achten. Die Datenschutzerklärungen sollten so oft genannt werden wie möglich. Grundsätzlich gilt hier: *Lieber einmal zu viel einen Verweis auf die Datenschutzrichtlinien, als einmal zu wenig.*

Ein guter Hinweis an der Stelle ist, dass man in jedem Fall einen Verweis auf die Datenschutzseite in der Signatur der versendeten Mail einfügt. So ist es bei jedem Versenden garantiert, dass die Datenschutzerklärungen in dem Inhalt aufgeführt sind.

Wie kommt man an die Mailadressen der gewünschten Zielgruppe?

Zum einen besteht die Möglichkeit auf der eigenen Website, dem eigenen Blog oder dem Social Media Account Anmeldebuttons für den Newsletter zu platzieren. Das kann als einziger Hinweis passieren oder in Verbindung mit einem Produkt. Ein gutes Beispiel ist hierbei ein Blogartikel, den man nur weiterlesen kann, wenn man den Newsletter abonniert. Zum anderen besteht auch die Option, die Bestandskunden direkt per Mail zu fragen, ob sie in die Mailinglist aufgenommen werden wollen. Die Newsletter Anmeldungen sind folglich ein Nebenprodukt der bereits getätigten Verkäufe.

Affiliate Marketing

Unter Affiliate-Marketing versteht man eine bestimmte Form von Empfehlungsmarketing. Webseitenbetreiber, die hier als Affiliates auftreten, schalten Links auf ihrer Website, die auf andere Onlineshops verweisen. Wenn ein Kunde von einem Affiliate auf einen Shop kommt und einen Kauf tätigt, bekommt der Affiliate eine bestimmte Provision vom Shopinhaber.

Startups, die selber Content produzieren und über eine gewisse Reichweite verfügen, können an dieser Stelle ebenfalls als Affiliates auftreten. So kann man sich als Startupunternehmer einen Teil seines Umsatzes passiv hinzuverdienen. Es gibt eine Vielzahl von Agenturen und Internetdienstleistern, die die Aufgabe haben, Kunden und Affiliates zusammenzubringen.

SEO

SEO bedeutet Search Engine Optimization. Es handelt sich bei dem Schlagwort SEO also um die Suchmaschinenoptimierung. Ziel von SEO-Maßnahmen ist, dass eine Website bei den Suchmaschinen so weit oben wie möglich angezeigt wird.

Man unterscheidet hier zwischen SEO und SEA. Während SEO die Suchmaschinenoptimierung bei den Suchergebnissen bei Google, Yahoo, Bing und anderen Suchmaschinen beschreibt, meint SEA die Steuerung der bezahlten Suchergebnisse, also quasi den Anzeigen. Die „Anzeigen" werden in der Regel als erstes Suchergebnis auf der Seite der Suchmaschine angezeigt. Der Klick auf einen entsprechenden Link kostet den Seitenbetreiber einen gewissen Betrag. Wie hoch dieser Betrag ist, hängt von dem zu rankenden Keyword (also dem Suchbegriff) ab. Bei beliebten Keywords kann der Betrag pro Klick mehrere Euro kosten, bei Nischenbegriffen auch nur wenige Cents. Es ist stark von der Höhe des Suchvolumens abhängig.

Bei SEO hingegen sind die Klicks und der Traffic, der durch Suchmaschinen generiert wird, für den Seitenbetreiber kostenlos. Aus diesem Grund sollte das Nummer eins Ziel eines Seitenbetreibers immer sein, möglichst weit oben bei den „Hauptergebnissen" gelistet zu sein. Wie man dies schafft, ist ein komplexer und strategischer Prozess.

Im Folgenden sind Schnelltipps aufgelistet, die die SEO Optimierung für den Anfang erleichtern:

Tipp 1: Ein längeres Nischenkeyword herausfinden

Man sollte sich ein längeres Suchwort, auf das man ranken möchte, heraussuchen. Das Ziel sollte es sein, die eigene Unternehmensnische so gut wie möglich auszubauen und hierfür ein bestimmtes längeres Stichwort zu nutzen. Dieser Suchbegriff sollte die Nische des eigenen Marktes bestmöglich repräsentieren. Ob es sich lohnt, auf ein Stichwort zu ranken, kann man mit dem Tool von Google AdWords herausfinden.

Tipp 2: Konkurrenzanalyse

Wenn man ein Stichwort gefunden hat, auf das man ranken möchte, muss man als erstes ein Bild der Konkurrenz haben. Sind die Seiten, gegen die man die eigene Seite stellen möchte auch „schlagbar"? Um dies herauszufinden, muss man das eigene Keyword in die Suchleiste der Suchmaschine eingeben. Als nächsten Schritt schaut man sich die Websites an, die bereits oben angezeigt werden. Bei der Analyse muss man hinterfragen, ob die eigene Website anhand von Qualitätsmerkmalen besser dastehen würde. Suchmaschinen, vor allem Google ranken gerne Seiten so weit oben wie möglich, die auch entsprechend ansehnlich sind.

Das sind ein paar Fragen, die man sich bei der Konkurrenzbetrachtung stellen sollte:

- Ist die Website Modern?
- Hat die Website entsprechende Bilder?
- Wie hochwertig ist der Text der Seite?
- Wie gut sind die Usability und die Menüführung?

Tipp 3: Erstellen von gutem Content

Für die eigene Website sollte man in jedem Fall einen zusammenhängenden und guten Content produzieren und auch präsentieren. Auf der Website muss natürlich das zu rankende Schlagwort auch vertreten sein. Jedoch darf man das Keyword nicht bewusst unendlich oft in den Text einbinden. Das hat vielleicht in den 90er Jahren ganz gut geklappt, jedoch sind die Suchmaschinen und ihre Algorithmen mittlerweile so intelligent, herauszufinden, wo Suchbegriffe nur wegen der Suchmaschinenoptimierung genutzt werden.

Daher ist es ratsam, oft Synonyme zu nutzen. Das wichtigste bei dem Schreiben von Texten ist, dass diese auch thematisch gut passen. Die Suchmaschinenalgorithmen sind intelligent genug, mit dem Schlagwort verbundene Wörter zu identifizieren. Sobald ein inhaltlich guter Beitrag veröffentlicht wird, ist die Wahrscheinlichkeit höher, dass die Website weiter oben angezeigt wird.

5.4. Public Relations

Public Relations (PR) bezeichnen die Formen der Unternehmenskommunikation, die nicht unmittelbar auf den Absatz ausgelegt sind. In der Regel haben Maßnahmen der PR auch andere Zielgruppen, als die Absatzwerbung, die eindeutig auf die Käuferzielgruppe ausgerichtet ist. Eine andere Anspruchsgruppe der Kommunikation ist bei der PR in erster Linie die Öffentlichkeit. Die Kommunikation an die Öffentlichkeit kann über verschiedene Wege und an verschiedene öffentliche Zielgruppen herangetragen werden.

Weil die Zielgruppen der Öffentlichkeitsarbeit so vielseitig sind, gibt es auch viele Werkzeuge, die man für die PR nutzen kann. Zu diesen Werkzeugen gehören auch Kanäle der Absatzwerbung wie klassische Werbemaßnahmen und vor allem auch die sozialen Netzwerke.

5.4.1 Kommunikation über PR

In erster Linie ist die Zielgruppe der PR wie bereits beschrieben, die Öffentlichkeit. Dieser Begriff und Definition der Zielgruppe ist selbstverständlich in diesem Zusammenhang sehr breit gefächert.

Grundsätzlich sollte es aber auch so sein, denn in dieser Öffentlichkeit kristallisieren sich in Zukunft weitere Zielgruppen heraus, die mit entsprechenden anderen Kommunikationsmaßnahmen erreicht werden können. So kann es sein, dass sich in der Öffentlichkeit einige Investoren bewegen, die bereit sind, in ein Startup zu investieren oder auch potenzielle neue Mitarbeiter. Hier ergeben sich dann im späteren Verlauf der Kommunikation Maßnahmen zum Personalmarketing oder Investor Relations.

Nachfolgend werden die Kommunikationskanäle für Public Relations betrachtet:

Social Media

In den sozialen Netzwerken können die Beiträge so gestaltet werden, dass sie nicht rein Werbung für ein einzelnes Produkt machen. Man kann als Unternehmer über den Unternehmenserfolg und die Planungen für die Richtung des Unternehmens berichten. Adressaten für diese Social Media Posts sind neben der Käuferzielgruppe auch potenzielle Investoren oder Wunschinvestoren. Gerade bei dem Anwerben von Investoren, ist es für Startups besonders wichtig, das handeln, die getroffenen Entscheidungen und die Erfolge richtig zu untermauern. Vor allem in der Investitionsphase ist dieser Ansatz von besonders großer Bedeutung.

E-Mail Listen

Neben Social Media ist eine Mailingliste ein weiteres interessantes Tool der Öffentlichkeitsarbeit. In informativen E-Mails, die regelmäßig an Abonnenten versendet werden, kann man als Geschäftsführer eines Startups regelmäßig über die neuesten Errungenschaften schreiben. Wer sich als Unternehmer dazu entscheidet, einen Newsletter zu etablieren, kann Adresslisten für Kunden und die Presse gesondert herstellen. Presseverteiler auf diese Art einzurichten, ist eine sehr gute Möglichkeit, den Informationsdruck auf die Presse aufzubauen.

Die eigene Website oder Blog

Die oben genannten Informationen kann man ebenfalls auf der eigenen Website oder dem eigenen Blog verteilen. Hier hat man mit den richtigen Plug-Ins (z.B. bei Wordpress) auch die Möglichkeit, genau zu sehen, wie viele Nutzer die Mitteilung gelesen haben und im besten Falle auch welcher Gruppe die entsprechenden Nutzer angehören.

5.4.2 Pressearbeit

Da die Pressearbeit ein großer und wichtiger Teil der Public Relations ist, wird ihr an dieser Stelle ein eigenes Kapitel gewidmet.

Die Beziehungen zu Medien, Journalisten und insgesamt der Presse sind ein extrem wichtiger Punkt der Öffentlichkeitsarbeit. Die Pressearbeit eröffnet Unternehmen sehr viele Möglichkeiten, diese richtig in dem öffentlichen Auge darzustellen. Doch, welche Möglichkeiten hat man, um an die Medienschaffenden heranzutreten?

Wie in dem vorherigen Kapitel bereits beschrieben, hat man die Möglichkeit, einen eigenen Presseverteiler einzurichten. Man kann dies auf demselben Wege tun, wie man den Verteiler für die Kundennewsletter bereits getrieben hat. Man kann diesen selber einrichten und eine Liste an möglichen Pressekontakten sammeln.

Eine andere Option ist die Nutzung von bereits bestehenden Presseverteilern. Es gibt eine Vielzahl an

Presseverteilern, bei denen man teilweise sogar kostenlos Pressemitteilungen anhängen kann. Ein Nachteil von diesen Presseverteilern ist allerdings, dass die Wahrscheinlichkeit der Übernahme der Mitteilungen in die entsprechenden Medien mit sehr vielen Hürden verbunden ist. Die Journalisten und Redakteure werden Mitteilungen nur dann Übernehmen, wenn sie auch einen Mehrwert für ihre Medien enthalten. Eine Werbebotschaft wird mit größter Wahrscheinlichkeit nicht übernommen. Aus diesem Grund müssen Pressemitteilungen gewisse Qualitätsansprüche und Informationsansprüche erfüllen:

1. Aktualität: Die Mitteilung muss aktuell sein und muss sich auf ein Ereignis beziehen, das in Zukunft stattfinden wird oder vor kurzem stattgefunden hat. Diese Aktualität ist dann gegeben, wenn bspw. ein neues Produkt in den Markt eingeführt wird, genauso wie wenn der Unternehmer Stellung zu einem in den Nachrichten relevanten Thema bezieht.

2. Mehrwert: Die Nachricht muss einen Mehrwert bieten. Entweder durch neue Erkenntnisse in einem aktuellen Feld oder durch Hintergrundinformationen zum Unternehmen oder der Branche.

3. **Regionale Relevanz:** Es ist ein Unterschied, welche Medien man ansprechen möchte. Wenn ein lokales Unternehmen seine Medien ansprechen möchte, ist es wahrscheinlicher, dass lokale Nachrichten von einem regionalen Medium verarbeitet werden. Wenn die Mitteilung aber von einem überregionalen Medienhaus übernommen werden soll, ist deutlich mehr Anstrengung gefordert.

Neben den Pressemitteilungen und Social Media ist es außerdem ratsam, einen Reiter für Pressemitteilungen auf deiner Website zu nutzen. Das ist wichtig und auch kostengünstig. Die Pressemitteilungen kann man hier beispielsweise als PDF-Dokument zum Download zur Verfügung stellen. Den gleichen Vorteil kann auch ein Blog bringen, der sich nicht nur an die Presse, sondern auch andere Interessengruppen wendet.

Wenn es von den Räumlichkeiten möglich ist, ist es oft auch sehr interessant, Pressekonferenzen zu veranstalten. Um diese zu veranstalten, kann das Unternehmen Einladungen konkret an Vertreter von Medien schicken. Damit die Konferenz auch besucht wird, sollte man mit den einzelnen Medienschaffenden schnellstmöglich direkt in Kontakt treten, damit diese rechtzeitig zu- oder absagen können. Eine Pressekonferenz ist schon erfolgreich, wenn nur ein Redakteur erscheint. In der Regel kann man davon ausgehen, dass er diese Nachricht verarbeiten wird. Andernfalls würde er seine Zeit nicht in eine Pressekonferenz investieren.

5.4.3 Wie schreibt man eine Pressemitteilung?

Der Kern der Pressearbeit ist die Pressemitteilung. Nur wenn diese alle notwendigen Informationen bietet und auch ansprechend ist, wird sie von Medien aufgegriffen und verarbeitet.

Die Aufgabe einer Pressemitteilung besteht darin, die wichtigsten Informationen übersichtlich zu präsentieren.

Eine Option, wie man eine Mitteilung aufbauen kann, sieht folgendermaßen aus:

Wann wurde die Pressemitteilung verfasst?

Das Blatt beginnt mit dem Datum. So können die Redakteure einschätzen, wie aktuell die Mitteilung ist und wie schnell diese verarbeitet werden soll. Zudem gibt das Datum einen Anhaltspunkt darüber, wie alt die Information selber ist. Nützlich kann das für Journalisten sein, wenn sie die Mitteilung als Quelle für einen späteren Bericht nutzen wollen.

Von wem stammt die Pressemitteilung?

Als zweites setzt man die Unternehmensanschrift, inklusive Rechtsform und dem Namen des Geschäftsführers vor den Text. So wissen die Medienvertreter auch, von wem genau die Information stammt und wen sie ggf. kontaktieren können für weitere Informationen. Ein Ansprechpartner kann hier ebenfalls bereits mit Kontaktmöglichkeiten genannt werden.

Eine zusammenfassende Überschrift

Eine Überschrift ist bei Mitteilungen genauso wichtig, wie bei Zeitungsartikeln selber. Die Überschrift muss den Medienvertreter dazu veranlassen, sich weiter mit der Mitteilung zu beschäftigen. Sie fasst übersichtlich zusammen, um was es in der Mitteilung geht.

Die Pressemitteilung muss die journalistischen W-Fragen beantworten

Ein Journalist muss in seinem Beitrag die W-Fragen beantworten. Die Antworten auf diese Fragen, muss man ihm übersichtlich und vollständig in der

Pressemitteilung verarbeiten. Wenn nicht **alle** Fragen beantwortet sind, mindert dies erheblich die Qualität und damit die Verarbeitungschance.

Die W-Fragen lauten:

- Wer?

  Wer ist hier der Kommunikator und wer ist das handelnde Subjekt. Ist es der Geschäftsführer? Eine Angestellte im Marketing oder das Unternehmen in Gänze?

- Was?

  Was ist der Hintergrund der Kommunikationsmaßnahme bzw. Was ist passiert? Hat das Unternehmen etwas Besonderes erreicht? Oder ist das Unternehmen ein Pionier in einem Bereich?

- Wo?

  Die geografische Lage. In der Regel geht es hier um den Standort, an dem die Nachricht stattfindet. Hat das Unternehmen etwas Bahnbrechendes in den eigenen Geschäftsräumen erreicht oder sponsert es eine Veranstaltung in einer anderen Stadt?

- Wann?

  Wann ist die Nachricht passiert? Wann hat das Event stattgefunden? Wann wird das Event stattfinden?

- Wie?

  Wie ist es dazu gekommen? Wie ist die Entdeckung zustande gekommen? Wie wird die Veranstaltung ablaufen?

- Warum?

  Warum ist der berichtenswerte Umstand eingetreten? Warum ist es passiert?

- Woher?

  Woher stammt die Information? Hier sollen auch externe Quellen genannt werden, wenn diese genutzt worden.

Wer ist mein Ansprechpartner

Zum Schluss muss der Redakteur noch auf den Weg bekommen, bei wem er sich mit weiteren Fragen melden kann. Genannt werden sollte hier auf jeden Fall E-Mail und Telefonnummer. Wenn die Mitteilung verarbeitet wird, schätzen die Medienschaffenden eine gute Erreichbarkeit. Das erhöht das Standing der Nachricht.

5.5. Weitere Kommunikationsmöglichkeiten

Verkaufsförderung

Unter Verkaufsförderung werden in der Regel zeitlich begrenzte Aktionen verstanden. In dem Bereich der Preisentscheidung wurde sich bereits mit einem Werkzeug der Verkaufsförderung beschäftigt. Die Nutzung von Gutscheinen, um das Produkt zu einem geringeren Preis zu erhalten, zählt beispielsweise dazu.

Auf der einen Seite gehören natürlich Preisaktionen zu der Verkaufsförderung, auf der anderen Seite aber auch weitere Aktionen. Die Verkaufsförderungsmaßnahmen gehen oft von der Seite des Vertriebs aus. Je nachdem, welchen Vertrieb man nutzt, hat man hier einige Möglichkeiten auf der Hand. In einem Geschäft, das das entsprechende Produkt anbietet, kann man beispielsweise Produktverkostungen anbieten. Abseits vom Point of Sale kann man auch in der Fußgängerzone einen Aktionsstand aufstellen, der den gleichen Effekt erzielen kann. Dort kann man auch seine Produkte direkt zum Verkauf anbieten.

Events

In erster Linie sind hier natürlich Messen zu nennen. Messen und weitere Branchenausstellungen sind immer ein guter Ort, direkt mit Investoren, Kunden und anderen Interessenten zu sprechen. Die Dichte an interessierten Menschen und potenziellen Zielgruppen ist hier enorm. Große Messen sind in der Regel aber auch sehr teuer für die Aussteller. Neben den reinen Ausstellungskosten hat man als Aussteller natürlich auch noch enorm hohe Kosten bei der Gestaltung des Messestandes und gegebenenfalls zusätzliche Personalkosten. Hier gibt es aber auch relativ günstige Alternativen wie Hochschulmessen oder spezielle Startupmessen.

Meetups und Expertenrunden sind außerdem weitere gute Events, an denen man die potenzielle Zielgruppe ansprechen kann. Hierbei handelt es sich um Events, die oft abends mitten in der Woche stattfinden. Es kommen Interessenten und Experten zu einem bestimmten Thema zusammen. Wenn dieses Thema in dem Bereich liegt, der für die Marketingmaßnahmen interessant ist, kann man direkt mit der Zielgruppe netzwerken. Die Veranstalter von diesen Expertenrunden sind außerdem auch immer sehr glücklich, wenn sie neue „Speaker", also Präsentatoren, finden. Als

Startupunternehmer hat man hier die Möglichkeit, einen Vortrag zu halten und beiläufig Werbung zu machen. Hierbei sollte man es aber mit der Werbebotschaft nicht übertreiben, denn der Nutzen des Vortrags sollte die Information und der Beitrag zu einem Thema sein.

Persönliche Ansprache

Dieser Punkt hat im weiteren Sinne ebenfalls etwas mit Verkaufsförderung zu tun. Wenn man weiß, wo sich die Zielgruppe in der realen Welt aufhält, dann kann man sie dort auch entsprechend antreffen. Man kann an öffentlichen Orten Menschen in ein Gespräch verwickeln und ihnen von dem eigenen Unternehmen erzählen. Wenn man das Gespräch sympathisch führt, kann man seine Visitenkarte und seine Flyer zudem mitverteilen.

Sponsoring

Sponsoring ist ebenfalls eine Möglichkeit, im Gedächtnis der Zielgruppe zu bleiben. Zwar ist Sponsoring nicht alleine auf den Absatz angesetzt, jedoch sehr wohl auf die Bekanntmachung einer

Marke. Es gibt sehr viele Institutionen und Vereine, die sich regelmäßig über neue Sponsoren freuen. Diese Sponsoring Maßnahmen müssen auch gar nicht teuer sein. Wenn man beispielsweise ein Hersteller für Fitnessgeräte, Sportkleidung oder Sportlernahrung ist, kann man leicht auf einen lokalen Fußballverein zugehen und Trikots oder Werbebanden sponsern. Ein negativer Faktor des Sponsorings ist aber, dass man keine unmittelbaren Verkäufe aus dieser Maßnahme erwarten kann. Es handelt sich um ein Instrument zum Markenaufbau, nicht zum direkten Absatzmarketing.

Mundpropaganda und Empfehlungen

Diese sehr effiziente Maßnahme ist leider schwierig zu beeinflussen. Mundpropaganda und persönliche Empfehlungen sind ein außerordentlich großer Faktor, was auch direkte Verkäufe angeht. Durch die persönliche Empfehlung wird der Social Proof gewährleistet. Ein Mensch traut einem Freund oder Bekannten deutlich mehr, als einer von einem Unternehmen gestalteten Werbekampagne.

Eine Möglichkeit zur Einflussnahme auf die Empfehlungen ist das Angebot von Zusatzleistungen. Wenn man kostenlose Zusatzleistungen zu einem

Produkt anbietet und diese dem Ziel des Kunden außerdem entgegenkommen, hat dieser ein sehr gutes Gefühl dabei. Über dieses gute Gefühl ist er auch bereit, mit seinen Freunden zu sprechen.

Die zweite und eigentlich entscheidende Möglichkeit ist, den Kunden direkt darum zu bitten, das Produkt weiterzuempfehlen. Das kann man auf verschiedene Art und Weise tun. Man kann die Kunden direkt nach dem Verkauf persönlich darum bitten oder eine E-Mail ein paar Wochen später senden. In dieser Mail kann man zum einen um eine Anbieterbewertung (z.B. auf Amazon, Bol oder Ebay) bitten oder zum anderen auch nach der persönlichen Weiterempfehlung fragen. Natürlich funktionieren diese beiden Möglichkeiten auch parallel.

Kapitel 6

Die Marketingstrategie

In den vorherigen Kapiteln wurden die Grundlagen des Marketings und die einzelnen Werkzeuge des Marketing-Mix betrachtet. In diesem Kapitel wird mit der konkreten Anwendung der Werkzeuge und der eigenen Marketingstrategie beschäftigt.

6.1 Analyse und Marktforschung

Marktforschung ist das A und O im Marketing. Denn nur mithilfe von Marktforschung gelangt man an die Daten, die man für die Marketingstrategie auswerten muss. Es bieten sich mehrere Optionen, die Marktforschung zu betreiben. Man unterscheidet zwischen Primär- und Sekundärforschung.

Unter **Primärforschung** ist die eigene Datenerhebung gemeint.

Man kann selber Umfragen tätigen, Kommentare der Kunden und anderen Mitgliedern der Zielgruppe analysieren, Expertengespräche veranstalten oder auch die Daten der eigenen Website und der Social Media Accounts in die Betrachtung einfließen lassen.

Unter **Sekundärforschung** ist das Auswerten von bereits vorhandenen Ergebnissen dritter Anbieter gemeint.

Wichtige Quellen dieser dritten Anbieter sind die Keywordanalyse von Google Analytics, Berichte in Fachzeitschriften, Analyse von Case Studies, Veröffentlichte Berichte der Konkurrenz und anderen Marktteilnehmern, sowie Studien von

Forschungsinstituten und Universitäten. Einige Informationsquellen in der Sekundärforschung sind kostenpflichtig.

Das Ziel der Marktforschung sollte in erster Linie sein, dass folgende Fragen beantwortet werden können:

1) Was erwartet der Kunde von dem Produkt oder der Dienstleistung?
2) Wie wendet der Kunde das Produkt an?
3) Welche Konkurrenzprodukte machen das Produkt austauschbar?
4) Wie viel kosten diese Konkurrenzprodukte?
5) Wie viel ist der Kunde bereit für das Produkt zu zahlen?
6) Wie sehen die Verkaufszahlen der Mitbewerber aus?
7) Wo steht die eigene Branche insgesamt?
8) Welche Vertriebswege nutzt die Konkurrenz?
9) Wie viele Produkte werden über welchen Weg von der Konkurrenz verkauft?
10) Wo kaufen die Wunschkunden am meisten?
11) Welche Kommunikationsmethoden nutzen die Konkurrenten?
12) Wie erfolgreich sind diese Kommunikationsmethoden?

SWOT Analyse

Um die Analyse basierend auf diesen Daten weiterzuführen, empfiehlt sich die Durchführung einer SWOT-Analyse. Hier lassen sich die gesammelten Daten gut und systematisch einarbeiten und unmittelbar auf das eigene Unternehmen beziehen.

Das Wort SWOT setzt sich aus den englischen Wörtern Strengths, Weaknesses, Opportunities und Threats zusammen. Die SWOT Analyse beschäftigt sich folglich mit den Stärken und Schwächen des eigenen Unternehmens, sowie den Chancen und Risiken auf dem Markt.

Veranschaulicht wird diese Analyse in einer sogenannten **SWOT-Matrix**. Diese hat vier Kammern und beherbergt die entsprechenden Analysebausteine. Wie sich unschwer erkennen lässt, findet man oben die interne Analyse bestehend aus den Stärken und Schwächen des Unternehmens und unten die externe Analyse bestehend aus Chancen und Risiken. Auf der linken Seite findet man die positiven Effekte und auf der rechten die negativen.

Stärken	**Schwächen**
Ist-Situation	*Ist-Situation*

(Eigene Stärken ggü. anderen Marktteilnehmern und Wettbewerbern)	(Eigene Schwächen ggü. anderen Marktteilnehmern und Wettbewerbern)
Chancen *Zukunftsprognose* (Diese Möglichkeiten bieten externe Faktoren)	**Risiken** *Zukunftsprognose* (Diese Gefahren bieten externe Faktoren)

Als Unternehmer bekommt man einen guten Eindruck, wie man die Marktlage betrachten muss und wie man sich mit seinen eigenen strategischen Zielen verhalten soll.

Detaillierter kann man diese Analyse mit einer **Chancenmatrix** durchführen. Hier kann man seine gesammelten Chancen entsprechend einfügen und evaluieren. Eine Chancenmatrix kategorisiert nach der Höhe der Attraktivität der gesammelten Chancen und nach der Erfolgswahrscheinlichkeit. Hierbei entstehen wieder vier Felder. Feld eins bietet eine hohe Attraktivität und eine hohe Wahrscheinlichkeit. Diese Chancen sollten strategisch in jedem Fall verfolgt werden. Feld zwei bietet eine hohe Attraktivität und eine geringe Wahrscheinlichkeit des Eintreffens. Hier ist es strategisch ratsam, die Chancen nicht aus den Augen zu verlieren, jedoch immer im Hinterkopf zu haben, dass diese nicht allzu wahrscheinlich sind. In Feld Nummer drei finden wir unattraktive Chancen, die aber sehr wahrscheinlich sind. Strategisch kann man hier überlegen, ob es die Ressourcen zulassen, diese Chancen zu verfolgen. In Feld Nummer vier finden wir Chancen, die weder attraktiv, noch wahrscheinlich sind. Es ist nicht empfehlenswert Ressourcen auf diese zu verwenden.

Attraktivität + Wahrscheinlichkeit + *Ziel: Chance verfolgen*	Attraktivität + Wahrscheinlichkeit − *Ziel: Nicht fokussieren, aber nicht verlieren*
Attraktivität − Wahrscheinlichkeit + *Ziel: Nicht zwangsläufig fokussieren, aber nicht aus den Augen verlieren*	Attraktivität − Wahrscheinlichkeit − *Ziel: Nicht verfolgen*

Eine genauso detaillierte Analyse lässt sich mit der **Gefahrenmatrix** aufbereiten. Hier findet man ebenfalls vier Felder, die durch Gefahrenpotenzial und Eintrittswahrscheinlichkeit gekennzeichnet sind. Im ersten Feld finden wir Gefahren, die das Unternehmen und den Markt direkt bedrohen und deren Eintreten sehr wahrscheinlich ist. Es ist also ratsam, diese Bedrohungen als erstes zu bearbeiten.

Im zweiten Feld finden sich Gefahren, die zwar ein großes Gefährdungspotenzial haben, allerdings nicht so wahrscheinlich sind. Im dritten befinden sich die Gefahren, die ein geringes Gefährdungspotenzial bieten, allerdings sehr wahrscheinlich eintreffen werden. Die Gefahren aus dem vierten Feld haben eine entsprechend geringere Relevanz. Sie bieten kein großes Gefährdungspotenzial und auch keine hohe Eintrittswahrscheinlichkeit.

Gefährdung + **Wahrscheinlichkeit +** *Ziel: Direkt um Lösung kümmern*	**Gefährdung +** **Wahrscheinlichkeit –** *Ziel: frühzeitig Notfallplan entwickeln*
Gefährdung - **Wahrscheinlichkeit +** *Ziel: Lösung rechtzeitig Entwickeln und Aufwand abschätzen*	**Gefährdung -** **Wahrscheinlichkeit -** *Ziel: Können vorerst vernachlässigt werden*

6.2 Marketingentscheidungen treffen

In den vorherigen Kapiteln wurde bereits der Marketing-Mix im Detail behandelt. Jetzt ist es an der Zeit, das gewonnene Wissen in eine konkrete Strategie zu verwandeln.

Basierend aus den eben aufgestellten Marktanalysen kann man Entscheidungsempfehlungen entwickeln, die direkt auf den Marketing-Mix und die Entscheidungen für das Marketing übertragbar sind. Wie die dahinterstehende Strategie konkret auszusehen hat, ist von Unternehmen zu Unternehmen sehr individuell. Es gibt keine Lösungen, die für alle Unternehmen gleich anzuwenden sind.

Der folgende Fragenkatalog kann aber dabei helfen, entsprechende Lösungsansätze zu finden:

Produktentscheidungen

1. Welches Problem löst das Produkt?

2. Wie wichtig ist dieses Problem dem Markt?

3. Welche Produktdifferenzierungen sind möglich?

4. Welche Produktdifferenzierungen interessieren die Zielgruppe?

5. Welche Zusatzleistungen sollte/kann man anbieten?

Preisentscheidungen

1. *Wie hoch ist der Mindestpreis/ die Preisuntergrenze?*

2. *Welche Preisaktionen sind möglich?*

3. *Welche Zahlungsmöglichkeiten sind anzubieten?*

Vertriebsentscheidungen

1. *Welche Vertriebswege sind zu nutzen?*

2. *Welchen Vertriebsweg nutzen die Mitbewerber?*

3. *Welchen Vertriebsweg bevorzugen die Kunden?*

Kommunikationsentscheidungen

1. *Welche Medien nutzt die Zielgruppe (insgesamt)?*

2. *Welche Medien bedienen die definierte Nische bereits? (Zeitschriften, Blogs, TV Sender)*

3. *Welche von diesen Medien nutzt die Zielgruppe (spezifisch) und wie intensiv werden sie von ihr genutzt?*

4. *Wie hoch ist das eigene Kommunikationsbudget?*

5. *Können die Werbemittel/der Content selber erstellt werden?*

6. *Wo wird Hilfe für die Erstellung der Inhalte benötigt?*

7. *Wie teuer ist die Hilfe bei der Contenterstellung?*

8. *Wie lange muss welches Medium bespielt werden?*

Schlusswort

Ich hoffe, dieses Buch konnte Ihnen einige Anregungen und Ideen für Ihre eigene Marketingstrategie auf den Weg geben. Das Feld des Marketings ist riesig und wächst immer weiter. Es werden auch in Zukunft immer mehr Tools zur Verfügung stehen, mit denen man ein effizientes Marketing betreiben kann. Vor diesem Hintergrund ist es sinnvoll, immer das Ohr an dem Markt zu haben und sich auch selber einige gute Marketingmöglichkeiten zu überlegen, die das eigene Unternehmen von der Konkurrenz abheben.

Herstellung und Verlag:
BoD – Books on Demand, Norderstedt
ISBN: 978-3-7504-1223-1